JN303316

# 地域民主主義の活性化と自治体改革

山口　二郎



地方自治土曜講座ブックレットNo．73

# Ⅰ　構造改革時代の地域政策

# 1　分権改革と土曜講座の6年間

## 政治や行政における常識の変化

今日の私の話は、地方分権の具体的な制度の話というよりも、大きな時代の変化の中で自治体をとりまく政治・行政・財政の環境が、これからどうなっていって、自治体における政策の立案をどういうような視座で考えていくべきかについて、少し絵解きをすることがテーマです。

6年前に土曜講座が始まってから、「はやいもんだな」と感慨にふけるわけですが、この6年の間に日本の政治や行政の世界で起こった変化というのは、誠に大きいものがあります。

毎日毎日忙しい仕事で追われていると、変化というものの全体像が見えないのですが、例えば政治家やお役人が使う言葉一つをとっても、大変大きな変化が起こったわけです。

95年の土曜講座が始まった年の私の講義は「現代政治と地方分権」というテーマでした。その頃、例えば「政策の評価」とか、「住民の参加」とかいうようなことを言っても、まだ少数意見でしかなかった。やや進歩的なというのか、ヨーロッパやアメリカにかぶれた学者が何かいっているというぐらいのものでしかなかったわけです。

しかしその6年の間に、国でも地方でも「情報公開」「説明責任」「アカウンタビリティ」「住民参加」あるいは「政策評価」というのは常識になった。このように政治や行政の中で使われる基本的な言葉が全く変ったのです。そして、北海道では例えば「時のアセスメント」ということで、「公共事業の見直し」というようなこともいくつか行われた。

今から10年ぐらい前はおよそ地方の役人が「アカウンタビリティ」だとか「透明性」なんていうことを自ら言うなんて誰も夢にも想像しなかったでしょう。そういった意味では日本の社会はやはり20世紀の末から大きな変化を続けている。

また、土曜講座でもっていろいろと自治体の改革を議論しているのと平行する形で、地方分権改革が具体化していって、分権関連法案が国会を通って機関委任事務がなくなるという大きな制度の変更があったわけです。そういう意味では変化のスピードがどんどん加速している。

## パラダイム・シフトのはじまり

今から5、6年前ですと、とりあえず「古いものを壊して変えることはいいことだ」というスタンスで議論をしてたのですが、これからは「どういうふうに変えるのか」について私たちなりにちゃんとしたビジョンとかアイデアをもってないと、ちょうどドイツの童話の「ハーメルンの笛吹き」に出てくる鼠の群れみたいに、変化の笛に踊らされて自分達で自ら川の中にザブンと飛び込んでいって死んでしまうということだってこれからはあり得るわけです。

なぜこんなことを言うのかというと、私は小泉政権が発足をして、いろんな意味で、永田町の中枢部にまでもついにある種の変化が波及していることを重要視しているわけです。

もちろん今の政治状況は混沌としておりますし、中身よりもイメージ先行という部分が少なくない。現状では古臭い日本の政治の中の一幕のドタバタ劇にすぎないというふうに突き放すこともできます。しかし物事が動く時、特に長い間世の中を支配していたパラダイム、政策とか制度の基本的な原理・枠組みが変化をする時は、当事者が意識するしないに関係なく、とにかく何か判らぬままにスイッチを入れてしまうものです。うっかりスイッチが入ってしまうと、今度は制度や組織を巡る議論というものがどんどん自己運動を始めて前へ前へ進んでいく。歴史の変化というのはそういうものです。誰かがこういうふうにしようといって周到な設計図を書いて、あたかもプラモデルを組み立てるように、新しい制度を構築していくなんてことではないんです。

今の混沌というのは、やはりある種のパラダイム・シフトといいましょうか、世の中を支配してきた制度とか組織とか政策とかの原理が大きく変るという入り口ではないかと感じているわけです。

そういうことは直接的に地方における暮らし、この場合の地方というのは非大都市圏という意味ですが、地方の自治体政府における政策決定にも絶大な影響、インパクトを及ぼすことが予想できるわけです。

そこで、前半では小泉政権の発足、そしてとりわけ小泉さんが掲げている「構造改革」がいったいどういう方向に向いてこれからの地方の政策にどのような影響を及ぼすのかを私なりに考えてみたいと思うわけです。

## 2　政治の潮流はどこへ向かうのか

### A　小泉人気の政策的意味

#### 現状に対する不安

小泉さんが大変な人気を博している。私もどうしてかよくわかりません。いくつか説明をしようと思えばそれらしい理由は思い浮かぶのですが、決定的な理由はわからない。８０何％とか９

0%なんていう支持率はバブルです。バブルがなぜ膨らむかというのは説明のしようがない。ただ彼が「聖域なき構造改革」ということを唱えているということについて絶大な世論の支持があるということには、やはり大きな意味があります。そこを政策的に読み取ってみたいと思います。

政治に対する支持、あるいはリーダーに対する支持の動機とか理由を考えてみた場合に、今回の小泉人気というのは、やはりちょっと新しさがある。

というのは、今までの「良い政治家」というのは、地方の場合でいうと「国から金を取ってきて何かつくってくれる」。あるいは「業界に補助金を付けてくれる」。そういう「いいことをしてくれる」というのが政治家を支持する動機だったわけですが、今回は、そもそも政治に対する期待水準がかなり低下しているわけです。「マイナス成長の覚悟」などということを言って、圧倒的な支持を勝ち取るなんていうことは、今までの右肩あがりの時代には有り得なかったことです。

「なぜか」をさらに考えてみれば、やはり国民は現状に対して大変大きな不安を持っていることに行きつくわけです。特に財政あるいは社会保障の問題について、逆立ちしても返せない借金がたまっていることは皆わかっているわけです。このまま小渕・森両政権のようにジャブジャブお金をまいて景気対策というスローガンのもとで思考停止状態を続けていくことがいいのかという不安感と危機感を持っているんだろうと思うわけです。

ですから、21世紀の日本を立て直すためには、「今少し我慢をしても何が必要かということを考えた方がいい」。そういうことをストレートに打ち出すリーダーの方が格好いい。あいもかわらず「積極財政、景気対策でもって国民の懐をうるおす」というスローガンを並べる政治家よりもよっぽど危機を直視するリーダーの方が信頼できる。こういう考えが国民の中に結構広がっているのかなと思うわけです。

じゃあテレビを見て「米百俵」の演説に拍手を送る人は、自分の身近な町や村で「米百俵」の精神でもっていろんな歳出を切り詰められたとき、どう反応するかは別問題ではあるんですが、とにかく一つの世論の雰囲気として、ある種の欲望充足で政治を考えるのではなく、過去からずっと蓄積された「負の遺産」を解決するについて多少コストを払っても、取り組んだ方がいいというふうに総論で皆が考えるようになってきたのは、やはり大きな変化だと思うわけです。

## 利益配分、既得権に対する反感

政治の世界における善玉と悪玉が最近やや変ってきた。これは実は日本だけの問題ではないんです。既成の政治というのはスペシャルインタレスト、特殊利益の代表者が独占をしている。要するに建設業界とか農業関係とか医師会とか郵便局とか、いろんな特殊利益の集団があるわけですが、小泉という人はこの特殊利益の集団をバッシングすることによって、今のところ人気を博しているという状況です。

族議員などというものは今は悪い意味になってますが、今までは政治的な影響力があって使える政治家は族議員という面もあったんです。しかし、今では特殊利益の代表みたいな形で、相変わらず既得権に固執している、けしからん連中というイメージになっている。あるいは国土交通省の道路局とか、そういう族議員と一体になって従来の既得権に固執している役人集団も特殊利益の権化みたいなイメージになっているわけです。

これからの本当のリーダーというのは、スペシャルインタレストの跳梁跋扈を押さえて、何かもっとパブリックなインタレストを実現するということが期待される。総論としては確かにそういう国民意識が高まっているということです。

今までの政治はあまりにもスペシャルインタレストに結び付つきすぎていた。その結果国全体を見渡してみて、「いるもの」、「いらないもの」を整理をするとか、「明らかに時代遅れになったご用済みになったものはもうやめる」とかの判断ができなくなっちゃった。そのことに対する不満が大きいということやさまざまな国民意識の変化が今の政治の潮流を生んでいるということになるのだろうと思います。

## B　永田町革命と地方政治の連関

こういう永田町政治の雰囲気の変化は、実は土曜講座の6年の歴史と平行して日本の各地で進んだ地方政治の変化ともつながっている。別の言い方をすれば、さまざまな地域で起こった地方政治の変化がようやく永田町まで波及したということです。

この5、6年の間地方で起こった変化の一つは、三重県の北川さんだとか宮城県の浅野さんだとかの新しいタイプの知事の登場にみられるリーダーシップの変化です。そういった新しいリーダーシップを生み出した民意の変化、地方政治や地方選挙の変化です。

もう一つは各地の住民投票の運動に代表される直接的な政治参加、自己決定に対する人々の欲求の高まりです。

従来のような政治、つまり国の巨大な官庁が大きな予算と権限を持って、地域に対して公共事業その他さまざまな政策プロジェクトを考え、下げ渡していき、政治家はその地域と政策立案、予算分配をする役所との間のブローカーの役割を果たしていく。こういうスタイルの政治の行き詰まりがまずもって地方でよく見えてきたということです。これはやはり一連の政治変動をもたらした一番根本にある問題だと私は思っております。

## 利益誘導政治の限界

例えば去年１０月に長野県で田中康夫さんが知事になり、１１月に栃木県でも無党派型の人が非常に強い現職を破って知事になるということがあってひとしきり話題をよびました。田中康夫は本当にどこまで改革をやるのかというのはまだ評価はできないですが、それを求めた民意というものははっきりわかるわけです。つまり長野というところは正に戦後日本がずっと行ってきた地域開発の手法を９０年代の中頃という時点であえて行って、いろんな意味で破綻を来したということだと思うんです。

というのは、戦後の日本の政治の中で地域の発展とか地域の開発を図る時に何をやるかというと、やはりオリンピックとか博覧会とか国の打ち上げた新産業都市とか、テクノポリスとか、あるいはリゾートとか、そういったプロジェクトを地域に持ってきて、そのためのインフラ整備を梃子にして地域の経済的な活性化を図るという手法があちこちで行われた。札幌も高度成長の一番最後の時に何とか間に合ってオリンピックを梃子にした都市開発が一気に進んだということになるわけです。

しかし長野県の場合はいかんせんバブル崩壊後の右肩あがりの発展が終わった時代にそういういわば時代遅れの開発手法をとった。国はそんなに国費でもって面倒を見てくれない。ハコモノを作ったけれども、建設費の借金はいっぱいたまるし、維持費は払わなければいけない。あるいは新幹線を作っても昔と違って並行在来線は三セクに移して地元の自治体で経営しなさいと、誠にドライというか、冷たい対応をされる。

そうするとオリンピックの2週間の間は大変な「感動と興奮」に包まれたんでしょうが、宴が終わってみれば、残ったのは借金の山、あるいは巨大なハコモノの維持運用という宿題であります。あまつさえオリンピックの招致の過程でさまざまな不明朗な公金の乱用があったということまで明るみに出た。

その後の知事選挙にあろうことか公金乱用の責めを負うべき人物が県庁の役人組織と利権につ

ながるさまざまな団体の支援に乗っかって現職の後継者として出ようとした。

これだけ条件がそろえば誰が出ても勝てる。結果的にはそういう話になるわけですね。つまり従来の地域の発展とか開発を約束した「勝利の方程式」というのは今は完全に崩れてしまっている。中央直結で大きなイベントを誘致して、それを梃子にハコモノを作ったり土木工事をしたりするのもかなり弊害とか「負の遺産」をもたらしてしまったという結果が見えているわけです。長野のオリンピックほどではなくても、いろんなところで見えてきた。干拓はしたけれども、農地としては引き取り手が全然ないとか、大きなダムを作ったけれども水の利用がぜんぜん伸びなくて地元の自治体の負担だけが残るとか、そういう類いの政策の失敗という問題が非常にはっきりと見えるようになった。

従来、東京にいる偉い経済学者とか財界の人達は、地方偏重の公共事業でけしからんなんていうことを言うけれども、地方の側からみれば地方偏重という割に地方は潤っていないというか恩恵を被っていない。むしろ足引っ張られるのはこっちも同じだという思いがあるわけです。

ともかく、地域の住民や地域の経済システムを内発的に育てていくという観点からみて、どういう政策が必要かを考えた時に、住民たちの欲するものと、例えば国土交通省や農水省などが「これはあなた方にとって得になるよ」といって示してきたメニューとの間に、誠に大きなずれというかミスマッチがある。既存の政治家、役人組織は全く陳腐になったメニューから相変わらず金を引っ張りだしてきて、役に立たないような事業をやろうとしている。

そこで地域の人々は「いい加減にせよ」といって決起するわけです。正に地方においては受益の拡大というよりも自分達の地域社会にとっては何が必要かということを考え直す。そして要らないものは「要らない」とはっきり声を上げる機運が高まってきたわけです。

## 「創造」の手前の「破壊」という共通の課題

つまり良いリーダーとは昔のような中央とのパイプを持って国からいっぱい金を引き出してきて、地域にいろんなハコモノとか道路とか作ってくれる人ではない。むしろ住民と視線を共有して役所の常識、世間からみれば非常識を表へ出す。そして「要るもの」と「要らないもの」をちゃんと整理し、優先順位を付ける。そういったところにリーダーの役割がある。もっといえば国との直結なり右肩あがりを前提とした役所の発想そのものを一回打ち壊すところにリーダーの役割が求められている。北川さんや浅野さんが全国的に注目を集めたのもそういった役割を見事に果たしているからだろうと私は考えています。

つまり、今、小泉さんがたまたま新しいタイプのリーダーのイメージをうまく引き受けている形になっているわけです。結局今リーダーというのはアウトサイダーが求められている。つまり長野県の田中さんというのは一番極端な例ですが、内部の組織とか制度とかに精通して、このスイッチを入れればこういうふうになるということを熟知している実務家出身のリーダーよりも、むしろ外側の視点でそういったものを一回疑う、あるいはむしろ役に立たなくなった部分を壊す。そういうアウトサイダーが必要とされているというわけです。

国でも地方でも今おそらく「創造」の一歩手前の「破壊」の段階なんだろうと思うわけです。ともかくこういういろんな意味で危機的な状況の中で既存の体制を壊して、ゼロからもう一回「役所、政府をどのようにすべきか」を考え直すというのが世論の求めているところなんだろうと思います。それは「理由のある」、「健全なことだ」と私は思っています。

逆の方から古い側に着目して政治の変化を見ると、例えば自民党の総裁選挙でなぜ「経世会」は負けたのかを考えてみると、結局従来型の政策的受益を餌にして、票を集めるやり方はあまり有効ではなくなったということです。

自民党の党員になっている人は建設会社の人とか、さまざまな意味の既得権にからまっている人達なんでして、構造改革を本当にやるんだったら自分達で自分の首を締めるという話になるんです。

しかし、そういった立場の人も含めて、誰がリーダーにふさわしいかということを考えた場合に、組織の上部から伝わってきた指示に忠実に従うというよりも、自分でテレビを見て、あるいは新聞を読んで誰がいいかを考える。要するに「自己決定」が政治を考える一つのキーワードになっていくんだと思います。つまり組織的な指示とか上意下達みたいなものはだんだん限界になってきている。「自己決定」というものが中心になってきたということです。地方における変化。リーダー像の変化と「自己決定」とか「直接的な参加の欲求」という二つが地方政治の構造変化の中心です。やはり重要な変化です。

小泉さんのもっている政治的な財産というのは予備選挙で圧倒的に支持されたということ、つまり永田町の政治家同士の中での支持ではなくて、一般の国民に近いところからたくさんの支持を得たということです。そこで彼は「首相公選」なんてことまで言い出した。直接民主主義的な要素をどれぐらい政策決定の中に組み込んでいくのかということも非常にこれから重要な課題になってきます。それにしても「自分達で決めたい」という意欲を持つこと、そこが今の大きな変化なんだろうと思います。私はそういう変化の潮流は、基本的に日本を良い方向に導き得るものだと受け止めたいと思います。

# 3　構造改革とは何か

## A　改革されるべき「構造」とは　利権政治を支えた構造

### 集権体制と裁量行政

では、古い体制を打ち壊した後に進めていく「構造改革」とは具体的にいったい何なのか。これは論じる人によっていろんな意味を込めて使っているわけでして、「構造改革」という言葉に共通の了解があるわけではない。

私は、「集権体制」と「裁量的な政策決定・実施の仕組み」の二つが構造改革の一番の対象だと考えています。

先程から日本の行政の政策立案・実施のシステムの中の最大の問題は「需要と供給のミスマッチ」ということを申して参りましたが、私は正に改革というのは政策に対する需要と供給をマッチングさせることなんだと思っているわけです。

その時に一番の障碍になるのが「集権体制」です。橋本政権時代に中央省庁の再編成を一応やったのですが、これは結局いくつかの省庁を合併させるだけに終わったわけで、さっきの需要と供給のミスマッチという問題は全く解消されていないわけです。とりわけ国土交通省や農水省のやっているいろんな大きなプロジェクトをみれば、ミスマッチの問題は誠に深刻だと思います。

つまり民主主義的な政策決定のレベルでいえば、国民が選挙とか世論とかさまざまな手段で、「こういうことについて政策を作ってほしい」と要求をインプットすると、それに対して政府の側が予算、法律などを作って社会の側にそれをアウトプットするという循環の仕組みがある。これは政治学におけるモデルなんですが、日本の場合はそのモデルがうまく作動していない。むしろ政策をアウトプットする役所の側が一人歩きをする。そして旧来のアウトプットをしてきた役所の行政の体系を守るために、むしろアウトプットの側がインプットを否定する。そこに最大の問題があります。

結局そういったアウトプットがインプットを否定するということをもたらしている一番の根源が「集権体制」だということになるわけです。これはちょっと分かりにくい話なんで具体的な例を挙げてみます。

「中海の干拓」とか「諫早湾の干拓」のように、農業分野での構造改善事業としての干拓でもって農地を造成しても、その新しい農地を買ってまで稲作を広げようなんていう農家は今誰もいない。あるいは、減反をしながらそうやって新しい農地を造成する。これは誰が考えてもナンセンスな話です。つまり地域に本当に需要があるかどうかはお構いなしにアウトプットをする側が政策プログラム、プロジェクトを決めて作ってしまう。もちろん需要が全くないとまずいんで、地元からあたかも切実な必要があったかのごとく、後から体裁を作るということです。

皆さんの身近にもその種の話はいろいろあると思うんです。国から補助金がついたからやるみたいな、特にウルグアイラウンド対策費でもって農業予算がバーっと増えて、その手の事業というのはあちこちにいっぱいあるわけです。そういう形でミスマッチが広がっていく。これはもちろん予算の無駄遣いという批判を集めるわけですし、もう一つ結局地域の内発的な発展、持続可能な地域の経済社会を作っていくということを妨げてしまう。そして中央から流れてくる公共事業予算に依存した従属的な地域の社会経済構造を作っていってしまうということです。誠に罪深いものです。

そういうアウトプットが一人歩きをしていくのをコントロールできないもう一つの理由として、日本の場合は、実は議会つまり政治の部分がきちんとそういった官僚による政策の立案をコントロールできていないというのがあります。

公共事業の長期計画を根本的に見直すということがやっと議論になりました。今まではお役人が5か年とか10か年とかいって大きな予算を使う基本計画とか中期計画を作ることが全く野放しになっていた。正に日本の官僚というのは非常に大きな裁量を持ってます。法律をかなり自在に解釈をし、あるいは議会のコントロールから自由に政策立案を進めてきた。そこのところを改革するということなしに構造改革というものは進まないわけです。

## 「構造改革」ではない竹中「自由競争ビジョン」

私は道路特定財源の話も基本的には正しい問題提起であると思います。何も揮発油税を道路だけに使うという必要性は今はない。正に需要と供給のミスマッチをいえば、特定財源なんていう仕組みは一番ミスマッチを起こしやすい制度で、やはりその時時で何が必要かを考えて、必要なものに金を回すという議論をしなくてはいけない。それこそが政治の役割です。

日本の場合は残念ながら政党政治は与野党含めてむしろそういった硬直化したアウトプットのシステムを助長しそこに乗っかって、政策をアウトプットする役所と地域との間のブローカー的な役割を果たしてきました。地域のニーズに即した政策の選択なんていうことに少なくとも中央の政党はほとんど関心を持ってこなかった。

私は今申したように、構造改革をあくまでも公共セクター、政府、国・地方を通したパブリックセクターの役割が重要であるという前提で、パブリックセクターの構造を変えていくという意味で使っております。ところが小泉政権のブレーンたちの話を聞いておりますと、パブリックセクターそのものをどかすことを構造改革と考えている節があります。そこのところがこの次に問題になってくるわけです。

率直に言って、小泉政権の経済財政担当大臣の竹中という人がいますが、この人のいうことを信用したらいけません。

私の友人の経済学者と話しておりましても、あれぐらいにいい加減な奴はいないということです。つまり、IT、ITといって、ITバブルをあおる。しかし森政権の末期には自分達がいったことが自民党の政調会でもって潰されて旨くいかないなんて泣き言を言う。もうちょっと前の小淵さんの時代ですね、経済戦略会議というところでもって二兎を追うという路線でもって、要するにお金ジャブジャブたれ流しの小淵政権の経済政策のブレーンをやってたわけです。今時分になって構造改革の旗を振るなんて笑止千万です。

要するに何が一番間違っているかというと、単純に「市場」とか「自由競争」という言葉でもって、全てを割り切ろうとしている。これは学者としてあるまじき知性の貧困です。そこのところでちょっと考えてみる必要があるわけです。今のところは日本のマスコミもある種の見識のなさも手伝って、竹中的な自由競争ビジョンが日本を立て直す切り札になるというような雰囲気がちょっとある。ともかく自由競争モデルでもって経済、企業の世界もそうだし、地方の政策もこれからガラッと変えていこうとしている。

それによって今までの需要と供給のミスマッチが目立つ政策の体系というものを断片的に新聞で読み、テレビで見ている人達は、やはり役所の仕事は駄目なんだと、役人に財源を与えて仕事をさせると、ろくでもないことしかしない、だから極力「小さな政府」、「民営化」、「自由競争」、これが日本を立て直す切り札だというふうに考えてしまう。あるいはまた、地方というのは地方交付税、補助金でぬくぬく金をもらって、それをろくでもないハコモノ造りに使っている、けしからん。こういうイメージが構造改革論とともに蔓延をしているという困った状況にあるわけです。

そこをどうやって打開するか。これは北海道あげての大問題でして、道や町村会は陳情なんかにいくよりもむしろ対抗する学者を何人か雇って、知的な一大プロジェクトを組んで対抗ビジョンみたいなものを出す。実はそれぐらいの大きな問題なんです。

## B　自民党的セーフティ・ネットの功罪

### 地方重視の予算分配の仕組み

まず、批判されている従来の中央・地方関係における行政や財政の構造というものを分析をしておかなくてはいけない。

日本の政治を論じてきた者は、「自民党的な利権政治はけしからん」、「族議員けしからん」ということを確かに言います。その点では私も竹中氏もある時期は一致していたのです。しかし客観的に戦後の自民党長期政権の中で行われてきた地域経営の政策の構造というものをまず見ておかなければいけないわけです。

行政や財政の構造としては地方交付税という自治体間の財政力の格差を補填する仕組みがあり、政治のメカニズムとしてはどっちかというと農村部に国会議員がたくさんいて、日本では確かに1票の格差というのがあって、地方出身の政治家が多い。かつ自民党の政治力学の中でも地方出身の人が総理大臣や党の有力者としてのし上がっていくという構造があって、地方重視の予算分配の仕組みも確かにあった。農水省や建設省といったお役所もたくさんの予算をもって地域にいろんな形で、いわば「やさしい親切な政策」を展開してきた。行政的にいえば全国総合開発計画なんていうものでもってその都度全国の隅々まで視野に入れた発展の青写真を描き、「均衡ある国土の発展」というスローガンは政治家もかなりの部分のお役所、官僚も共に愛用した。

そういう政治や行政の構造は、地域的な生活水準の格差をうめて日本の社会を平準化していく上では大きな意味があった。私はそこは割と肯定的に捉えるわけです。

確かに日本という国は全国隅々に至るまで基本的な社会資本はかなり整備されてきていて、人間の所得水準とか生活水準の地域的な格差があまりないんです。国際競争にさらされれば淘汰されちゃうような部門がそれなりに生き残ってきて、そこで雇用が守られ、かなりの人間が仕事をしている。これはやはり社会的な安全装置として役立ってきたという部分があります。

総じて地方重視あるいは一次産業や中小企業に手厚い予算分配というものは客観的に見ればいわゆる経済学でいうところのセーフティ・ネットの役割を代替してきたということができるわけです。セーフティ・ネットというのは要するに競争から落伍するものに対して落伍しても死んでしまわないように安全のための受け皿みたいなものを作るということです。

## 日本は成功した「社会民主主義」か?

確かに地方は日本社会全体のある種のセーフティ・ネットの受け皿として、擁護されてきたという面があるわけです。その点を捉えて自由経済論者は、日本は「成功した社会主義だ」とか言う。つまり「自由な競争よりも結果の平等を重視してきた。競争で勝ち抜いたものに褒賞を与えるよりも、所得税の累進課税や相続税でもって、それを政府が吸い上げて再分配をして弱いものに援助の手を差し伸べる。社会主義的なシステムとして今までやってきた。だから競争力のない比較的弱い人達にとっても居心地のいい快適な社会になった」と。こういうことを言う人が結構いるわけです。

ただその場合を、社会主義というのは全くの誤りです。日本社会におけるそういった地方を中心としたセーフティ・ネットというのは、もちろん国のお金を使ってはいるんですが、誠に凸凹が大きいわけです。つまり新潟県は田中角栄のおかげで誠に立派なセーフティ・ネットがあるけれども、隣の県はそうでもないとか。つまりお役所の持っている裁量的な政策決定や予算分配に政治家の影響力がカチッとくっついて、確かにマクロでは平準化とかがあるのですが、ミクロで見れば結構凸凹がある。つまり、誰もが等しく公平な機会を得るとか平等な取り扱いをうけるという普遍主義的なものではなくて、政治的なコネクションの強いところはとりわけ手厚く優遇される。そういう意味では本来の社会民主主義とか社会主義とは違うんですが自民党の利益政治というのはいい面もあった。だからこそたくさんの人が依然としてそれに郷愁を持っている。ただ弱者に寛容、あるいは社会的な平準化を目指すという政治のあり方というものはマイナスの面もあった。

## 腐敗と非効率

政治家というのは善意の活動をしているのではなく、活動に要するコストは利益分配なんかで必ず回収をしていくわけです。公共事業を請け負った企業から政治献金をもらうとか、いろんなことでもってコストを回収する。それがちょっと度が過ぎれば政治腐敗という問題になっていくわけです。

もっと大きな問題はさっきからいっているように「非効率」という問題。要するに弱いところにも嵩上げをするというか、下駄を履かせるということですから、お金の使い道としてあまり効率がよくはない。さらにさっき言った需要と供給のミスマッチという現象が非効率に拍車を掛けるということになってしまうわけです。

世の中全体が右肩上がりで、発展していく時代であれば、多少の非効率はおおめに見てもらえた。全体がどんどん豊かになって発展をしていくという時代でありますから、多少効率が悪くても地域にも少しはおこぼれをやれるというみたいな感じでずっと高度成長の時代はきたわけです。しかし、もうバブル崩壊以後の経済的な低迷、あるいは財政赤字の増大で、正に自民党的セーフティ・ネットは「もういい加減にせい」という不満の声、怨嗟の声が経済界や学界から上がってきたということです。

## グローバリゼーションと競争の時代

それからもう一つはグローバリゼーションという問題です。まだある程度農業分野とかで保護が残ってますが、5年、10年前に比べれば競争の発生する度合いは非常に大きくなっている。この間、葱や椎茸のセーフガードの発動でひとしきり論争がありましたが、要するに生鮮野菜みたいなものまで外国のものと競争する時代に入ちゃったわけです。正にこのグローバリゼーションというのがどんどん浸透していく中で、従来は国内だけで循環していた経済活動の分野を国際競争の波がどんどん押し寄せてくるという時代です。そうすると競争をして安いものを沢山という流れになかなか地方は対抗していけなくなってしまいます。

特にアメリカを中心とした圧力が高まっていく中で、農産物の市場開放をどんどん進めるとか、流通の規制緩和をどんどん進めるとかいった面で、マーケット・市場の論理、競争の論理というものが広まってきたわけです。

そういう面で小泉政権の経済政策のブレーンといわれる人達は、「公共セクターそのものが非効率の源泉だ。こういうものがいろんな規制をしたり重い税金を取ったり、あるいはせっかくの税金を地方にばらまいてわけの分からない公共事業に使ったりしているから、日本はいつまでたってもなかなか経済構造の変換ができない。そういう無駄なものを弱いセクターの労働力を養う、捨てぶちのような使い方をするのではなくて、もっと有益に財政資金を重点的に投下せよ。あるいは規制をどんどんとっぱらって所得税の累進性も緩和して法人税も下げて、要するに経済発展の牽引車になるような人や企業をもっと優遇する。成功の結果を得られた富はもうその人のものということで、どんどん皆が積極的に金儲けをやっていく、豊かになっていくということを奨励せよ。」と言う。

こういうことが小泉政権的な意味での構造改革論者の基本にある社会像というかイメージだと思うんです。

## 4　改革の処方箋をめぐって

### 社会全般への市場原理、競争原理の浸透

そこで改革の処方箋を巡る議論が重要になってくるわけです。

小泉的改革が方向を間違った場合には、小さな政府論や自由競争を指導する者のベクトルがどんどん改革の矛先を探してくる。大学もそうなるでしょうし、地方自治体も効率化や自由競争、市場主義の改革の格好の餌食、ターゲットになり得る。

これは決して脅かしでも何でもない。現に地方交付税を減らすという議論から始まって、特定

財源を都市基盤の整備に向けるとか、いろんな意味で強者にインセンティブを与える方向に政策の優先順位を変えるとすれば、これは決して安閑としてはいられないんです。その時に、旧態依然たるシステムの方がよかったんだといって、昔のものへの郷愁をいっても、これはしようがないということです。

政治の力学から考えてみれば、小泉さんというのはなかなかしたたかな戦略家なんでして、派閥政治、利権政治を否定するということで、非常に大きな世論の支持を得ている。

結局、小泉さんが攻撃してやまない橋本派・経世会の政治は、ある面では自民党的なセーフティ・ネットを支えてきた担い手です。かつては田中派総合病院、竹下派総合病院といわれて、建設でも農水でもいろんな分野の族議員がいっぱいいて、地域からのいろんな陳情にもそれなりに応対してくれた。例えばちょっと極端な例だけれども、鈴木宗男という人はとかくいろんな批判もあるけれども、地元からみればやはり結構使える、頼りになる存在ではあったんだろうと思います。この人の政治力を使って道路予算を取ってくるとか、そういう面で経世会的な政治というものは地方にある意味で恩恵をもたらしたというのは多分その通りだと思うんです。

ただいまの改革を巡る政治力学の中では、そういったいわば地方に親切でややコストのかかる政治は否定されるべき対象として批判の矢面に立っているというのが現状です。

そしてそれは「都市対地方」という対立の軸とも重なっている。要するに「自由競争中心主義者」と「都市中心主義者」でありまして、都市の税金は都市で使って、交付税はうんと減らして、公共事業も絞っていってという一連の政策の展開が浮かび上がってきている。

野党の方も民主党の中で元気のいい若い連中はどっちかというとそういう自由競争でもってもっと効率化していった方がいいということを言っている。そう思うとどこを頼りにしていけばいいのかということになるわけです。

## 疑似セーフティ・ネットからの決別

ここで必要なのは、やはり地方の側から戦略を打ち出していくということです。なかなか難しく、言葉で言うほど簡単でないことはよく分かっているのですが、自民党的な疑似セーフティ・ネットから決別をするためにはこれがまず出発点です。

要するに陳情して国から金をもらってきて、公共事業をやったりハコモノを作ったりというスタイルで地域の活性化とか地域の発展を図る発想はもう続かないということです。

その上で、地方からある程度痛みを甘受した上で改革の代案を出すことが非常に重要なポイントになっていくだろうと思います。

ここに昨日の新聞を持ってきました。「経済財政諮問会議基本方針」というのが載ってます。構造改革の骨太の方針というものの中に、「第4章、個性ある地方の競争」という部分がありま す。①市町村再編を促す、②地方交付税補助金の仕組みの見直し、③税源委譲を含め国と地方の税配分を根本から見直す、④外形標準課税は景気を勘案しつつ導入を図る、⑤地方財政計画の徹底見直し、こういう全部で5つの項目が並べられております。

今のところはまだどこを切り捨てるかはこの中に含まれていないのですが、市町村の再編を促し、どんどん合併をしていって地方の行政コストを少なくするとか具体的な話になっていった場合、こういった「骨太の方針」が何を意味するのか、あるいは交付税や補助金の仕組みを見直すといった時に、どういう方向で見直すのかということです。

「外形標準課税の導入を図る」。これは石原慎太郎が真っ先に手を付けたことに示されますように、やはり事業所がたくさんある大都市圏にとって大変ありがたい話です。赤字企業も含めて法人から外形標準課税の税金を取る。これは大都市に大変インセンティブになる話です。

こういう項目を見ると、「骨太の方針」自体に反対というわけにはやはりいかない。これに反対してしまうと単なる「抵抗勢力」という汚名を着せられて戦う前から負けてしまうわけです。

## 地方側に必要な「別の戦略」、「別のシナリオ」

問題はその「骨太の方針」が示された総論に我々としてどのような肉付けをするかということです。そのことが問われて参ります。

市町村の合併の話というのも、これは本州と北海道ではかなり事情も違うし、特に北海道の場合は合併をしたからといって行政コストの削減になるかというと、そうとも限らないだろうなというふうに思うんです。

しかし、一般論として3000自治体というのは多すぎるのではないか。特に介護保険等々いろんな高齢社会に伴う政策を進めていく上で基礎自治体の体制をもうちょっと強化しなければいけない。これは総論としてはもっともで、世論の支持を受ける話です。そうすると、単に「合併は嫌だ」ということを言っていても、なかなか世論の支持がないとすれば、我々はどうすればいいか。やはり合併という形を取らないまでも、広域的な市町村の連携でもって、効率的な政策の運営をやっていくことを外に見えるようにアピールすることが必要になってくるわけです。

要するに合併の問題で、ただ受け身の立場で「北海道は特殊だから勘弁してよ」だけを言ったのでは、これは中央の世論というのは「なんだこれは抵抗勢力か」と言うに決まっているのです。「単に合併すればいいというものではないんだ、我々はその代わり市町村の連携でもって福祉ではこういうことをやっている」とか、「中小企業に向けた産業基盤の整備でこういうことをやっている」とか、そういった反論する具体的な根拠を自分達で提示していく。そこを大きな声を出して言っていくということです。メディアにそれを訴えていくということが必要な発想なんだろうと思うわけです。そういう意味で自治体の側からも代替案を出すべきです。

それから、世の中これだけ経済的にも混迷をしているし、財政的な赤字も増えているわけですから、やはり現状維持を前提とした話はもう持たないということです。ある程度取り分も減ると、地方交付税も多分減額されるでしょう。今までのような複雑な方式で基準財政需要を決めるやり方ではなくて、もう少し簡素化された方式で地方交付税を配分するようになっていく。私は基本的に好ましいことだと思うわけです。

そうすると従来のような形で、いろんな補正をするとかいった形による融通を求めるのは多分難しくなるわけでして、自分達の取り分が減る。交付税についてもそうだし、道路特定財源についてもそうだろうと思うんです。

そこで、正に一歩後退二歩前進でして、トータルの歳入額が減っても、自分達の「自己決定」の余地を広げてくれれば地域に対する政策的なサービスの水準もそんなにガクンと落ちることはないという別の絵を描いていく必要があるのではないか。

道路特定財源の話については宮城県の浅野さんが真っ先に「地方切り捨てである」といって反論をしておられました。浅野さんのインタビューを新聞で読みましたら、案の定、彼は単に道路財源死守を言っているのではない。「当面、5年後に道路特定財源をやめるというのであったら、これは正しい問題提起だ」「ただ拙速に何の準備もないままに、大都市中心の都市基盤整備の財源なんて言う議論があるから、そこはやはり先手を打って、まず地方からノーと言う声を上げる」ということです。

浅野さんは、「少ない金額でも自分達で配分を決めなさいといって、財源を渡してくれれば、宮城県にとって一番切実な三陸海岸の方に高速道路を造る計画が今あって、そっちにともかくお金を優先的に付けて、まずそれを作ってしまう。だけどその代わりに県の他の分野の公共事業は要らないものもある。今一番必要なものに真っ先にお金を付けて、他の部分でここはもう止めるとか、ちょっと我慢するとかという意思決定ができるようになれば、それでいいんだ」ということをおっしゃっていました。

今の地方の側に必要なのは、浅野さんの言うような「別の戦略」、「別のシナリオ」です。それをメディアに対しても訴えていくということ、あるいは自治体の職員、もちろん首長、地方議員も含めて地方で政策を考え決定する人達もこぞって自分達の「別の戦略」というものをうちだしていくことです。

何かを捨てざるを得ないというのは時代の趨勢なんで、いくら自民党本部とかに陳情しても、こういう流れは止めようがない。善かれ悪しかれこういった流れに抵抗すれば、抵抗勢力みたいな形でマイナスのシンボルになってしまう。そうではなくて、「何かを捨てた上で何かを取る」という戦略をちゃんと持つということです。

## 「道路特定財源」議論は思考訓練の格好のテーマ

ですから、いますぐ具体的なことというのはなかなか難しいですが、例えば予算が1割減った場合に「あの事業は止めてもいい」とか、「あれはもう断念しよう」とかいったいろんなシミュレーションをやっておくことです。

そして、むしろこっち側から反転攻勢に出て、特定財源を無くす。それは結構だが単にそれを一般財源に繰り込んで、財務省の官僚を喜ばすのではなくて、本来の趣旨、つまりガソリンを燃やして車が走ることによる社会的なコストに対応するということで、揮発油税を位置付けるとすれば、そこから例えば環境負荷の小さい公共交通システムの予算に回す別の特別会計みたいなものを作るとか二酸化炭素を吸収するという観点からいえば、環境対策とか森林の対策とか、いろんなことに使う名目はあるわけです。

ですから「道路財源死守」なんていう、後ろ向きのことを言っても、もうこれからは駄目な時代なのだから、「じゃあ、その縛りをはずすとして、自分達としてはこういうことも使っていきたいんだ」と言う主張をきっちり論理立ててやっていくということがいまの課題なのではなかろうかと思うんです。正に道路特定財源というのはそういう意味で格好の議論の材料、思考訓練のテーマなのです。

「北海道に道路整備はまだ必要だ」と言っても「ああそうですか」と聞いてくれる人は日本にほとんどいないということは事実です。

北海道というのは普通の国道を通っても時速80キロ90キロでビュンビュン飛ばせると皆思っている。そういうイメージがある中で「道路整備は必要だ」とだけ言っても、それは駄目なんです。まだ道路がいるとしたら「どこに必要か」、「なぜ必要か」ということをちゃんといわないと駄目ですし、「じゃあそこができたらもういいんですね」という話になるわけです。未来永劫北海道には道路が必要だということを言い続けるわけにはいかないのです。だとすればさっき言ったみたいに、環境というものに合わせて、こういう形で使うことで北海道をより良くしていく、それが日本のためにもなるんだという、かなり高等な論議を準備しておかないと小泉的な感覚を持つ者には太刀打ちできないのです。

# II　ローカルデモクラシーと自治体改革

## 1　政策決定におけるプロとアマ

### 政策決定の正当化に利用される「専門家の権威」

日本の変化というものが９０年代後半にずっと起こってきた。その中の一つは直接民主制への欲求が大変強くなってきたということです。なぜ直接参加みたいな問題がここにきて急速に叫ばれるようになったのかということから少し考えてみなければいけません。

日本の行政は、専門家の権威を非常に強調し、その権威というものでさまざまな政策の決定を正当化することが当たり前のように行われてきたところに特色があります。

例えば、国にも地方にもさまざまな審議会があります。審議会というのはほとんどの場合、学識経験者とか、マスコミの代表とか、経済界の代表とかが入ってきて、新しい大きな法案を作る時には、それを答申するとか、重要な政策決定を方向付けるということをやっているわけですが、こういう審議会も考えてみれば日本独特のものだといっても差し支えありません。

もちろん、どこの国にもアドバイザリーコミッティ、「政策の助言をする委員会」あるいは「専門的なテーマに関して調査、研究を行う委員会」みたいなものはあるのです。行政改革だとか財政の問題について専門的な見地からある種のアドバイスをするということ、改革案の提示をするということはあるんですが、日本のように常設で審議会があって、そこで重要な政策の方向付けを論議して、事実上国会の立法を先取りするような形でそこで物事を決めているというのは非常に独特なやり方です。

特に問題になるのは、日本の場合は法律の大半は行政府で原案を作るわけですから、審議会でやっている段階でもうあらかた政策の中身がほぼ決まってしまっている。しかも往々にして諮問する側がもう先に結論を持ってて諮問される側の「挨拶」から「答申文」まで下書きを書いているという問題があります。

そういうわけで日本の場合は専門家の権威というものは実は利用されているわけでして、本当の意味で専門家がきちんとした知識に基づいて政策に対して助言をするという形にはなっていないわけです。

## 専門家の虚構の権威とその失墜

徳島市の吉野川の可動堰の問題で市民投票があって、反対という民意がはっきり出た時に、当時の建設大臣がこれを「民主主義の誤作動」と呼んだわけですが、そういった政治家や官僚の対応の根底にあるのは、「素人のくせにでしゃっぱったことをするな」という反発、苛立ちだろうと思います。そこに、従来の政策決定におけるある種の「権威の構造」というものが大きく現れているわけです。

「何が住民のためになるか」、「何が地域社会のためになるか」ということを一番よく知っているのは官僚、行政の側だ。だから住民のためを思っていろいろと専門的な知識技能を持った官僚たちが、計画や政策を作っているんだから、それをただありがたく受け取るべきだ。こういう考え方が「民主主義の誤作動発言」の背後にあるということができます。

しかし、90年代の日本で専門家による政策というものが一体どのような帰結をもたらしたのか。むしろ専門家の罪、失敗という面でたくさんの事例があったわけです。

ですから最近の直接民主制的な動きの中で一つ現れていることは、専門家の虚構の権威は失墜をする、あるいは政策論議を巡るアマチュアとプロとの境目がなくなってくるという傾向です。特に新潟の「原発」を巡る問題とか、徳島の「吉野川」の問題とか、実際の運動の中身を見てみますと、住民投票を仕掛ける側も結構勉強をしているんです。

今までは、工学部の土木工学とか原子力工学とかの専門家の先生たちはだいたいが役所と仲良しでして、役所の政策について、「これはいい」という御墨付きを出す役割を果たしてきた。「大学の専門家がいいといっているのだから大丈夫だ」というので、諫早湾の干拓はする。長良川の河口堰を作る。というようなことをやるわけでが実際やってみたら有明海の海の汚染が進んで海苔は取れなくなった、さあ大変だという話になるわけです。正に学者も含めた意味での専門家の権威は失墜すべくして失墜をしている。

むしろ学者の中でも少し多様化して一つの争点についても賛否両方からいろんな意見が出てくるのがやはり本来の姿です。直接民主主義の持っている可能性というのは、特定の立場、特定の利害関係から政策を進めるという従来の手法に対して、もっと広い視野から別の観点からも議論をした上で皆で考えるという、いわば住民による学習の機会として住民投票というものが行われた場合には、これもやはりかなり意味があると思うわけです。

日本における専門家の支配というのは、利益誘導型政治と実は表裏一体になっているわけでして、役所の企画立案したものについて理論的な正当化を与えてお金を付けて事業を実行しているという、一連の政官業の癒着という言葉がありますが、そこに実は「学」というのも入って、「鉄の三角形」じゃなくて「鉄の四角形」だったというところもあるわけです。

## 住民参加とアマチュアの政策判断

それに対して、つい先日、新潟県の刈羽村でプルサーマル計画を巡る住民投票がありまして、住民の過半数が反対という意思表示をしたケースがありました。

そこで問題になるのは、「誰がどこまで物事を決めることが適切なのか」ということです。「直接民主制」とか「住民投票」という問題については、常に衆愚政治という批判がなされているわけです。つまり「プルトニウムを原料に発電をするというようなことが、いいかどうかを住民で決定できるのか」というような問題。これは「施策の決定におけるアマチュアとプロフェッショナル」という問題で、「専門的な知識を持たないアマチュアがどのくらい直接的にものを決めていいのか」ということが問われています。

一般の住民が市民感覚で「こういうことをやって本当にいいのだろうか」という疑問を発することそれ自体を封じ込めたのでは、民主主義は破壊されてなくなってしまうわけです。その意味では直接民主制的な動きというものをうまく受け止めて、これからの地域の民主主義、住民参加による政策決定のあり方・手続きというものを考え構築していくことが求められてきます。

一部自治体で住民参加の仕組み、あるいは住民投票の手続きを条例として決めているところも出てきました。その場合、賛否両側の公平な意見の表明や討論の機会を確保していくことが是非とも必要なことになってきます。

とにかく住民投票とか直接民主制的な動きに現れているように、地域社会における市民の政策的な関心とか議論する力は、徐々にではあるけれども高まってきていると私は考えています。

その場合、直接的な住民参加をやることが住民のエゴとかわがままとかを助長するのではないかという問題が常に付きまとうわけです。ただ、こういった動きは「専門家に任せておけばうまくやるから、あんた方は黙ってなさい」という元のシステムに戻すというわけにはいかない。皆関心を持って何か言いたいと思っている。それを前提として、そういった意欲、関心がより実質的な政策論議ができるような正しい方向に向くように道を付けることが制度を作る上では必要だと思います。

## 情報の共有と優先順位付け

それからもう一つ重要なポイントは「情報の共有」ということです。

前に北川三重県知事と話をした時のことですが、三重県の財政改革で従来の民主的な手法の中で補助金カットの話をしようとすれば、必然的に県会議員が反対をいってくる。そこで北川さんは、県民に対して県の補助金の現状を徹底的にオープンにした。どの団体に幾らという情報を出した。 そうすると県民の方でも「今時こんな団体になんでこんな意味不明なお金をだすんだ」、「そういった細々した補助金を何時までも続けるよりももっと有効にお金を使っていこう」という議論が出てきた。その結果、三重県議会では「県会議員が単なる利益誘導をするのはみっともない」「特定の団体のためだけに補助金を残してくれなんていうことを言うのは、今や議員の見識が疑われる。」というようになったとおっしゃってました。

結局、政策に要するコスト、ベネフィトというものをキチッとオープンにすると、自ずとある種の住民の常識とかモラルが働いてきて、少なくともこういうものはもう優先順位が低いから止めてもいいんじゃないかみたいな形の意思決定が可能になる。

私が「モアデモクラシー」、「より多くの民主主義」で「負の遺産」タイプの問題を解決すると言ったのは正にそういうことなんです。

人間というのはある意味では合理的な動物なんです。必ずしも闇雲に旧来のやり方に固執するわけではない。自分達の置かれた状況を考えて、「これは必要性がない」と考えれば「止めてもいい」という判断をするわけです。ちょうど個人の家庭を運営していく上で月給の範囲内で生活をするのと同じでして、自分達の住んでいる町や県で収入の範囲内で政策を実行する。そして何が必要かをそれぞれの観点で順番を付ける。

考えてみればそう不思議なことではないのですが、情報を徹底的に共有するということによって、はじめて優先順位を付けるとか、「負の遺産」を処理するといった意思決定が可能になっていく。

## 2　民主主義の統治能力

### A　欲望充足型民主主義の限界

#### 代表民主主義の限界　　公共選択学派の批判

そこで特にローカルなレベルでの民主主義のあり方について考えてみたいと思います。

例えば地方議会の必要性がいろいろと議論されています。「数を減らせ」とか、「住民投票で直接決めろ」みたいな話が出てくる。

あるいは増えたといっても、改革指向の首長がまだまだ少数で、旧態依然たる地方政治がまだまだ多い。私のいった希望的なシナリオとは違う現実がまだまだたくさんあります。あるいは議員にしても首長にしても適切なリーダーたちをリクルートすることがなかなか難しくなっているという問題もあります。

地域レベルで民主主義的な仕組みを使って地域の共通の課題を考えていって、意思決定をしていくという正に「民主主義の学校」の実践みたいなことをこれから本当にちゃんとできるんだろうかという問題です。さらに言えば、コミュニティを重視するとか、住民の参加とかいろいろ言っているのだけれども、例えば町内会とか自治会みたいな一番基礎的なコミュニティの空洞化が非常に進んでいて、適切な担い手とかリーダーがいない。とかく最近の特に若い世代になるほどそういったコミュニティのいろんな活動に参加していくという意識を持てなくなっているとか、いろんな問題もあるわけです。そこで、民主主義という仕組みがうまく作動しないという批判は非常にたくさんあるわけです。

現実の問題として、特に民主主義の中で選挙という仕組みをとり続ける限り、代表者は選挙に勝つために、票集め金集めをする上で、どうしても組織化された利害というものに密接にくっつかざるを得ないという傾向があります。そして選ばれた人達がそうやって自分を推してくれた出身組織や団体の利益を図るために、特定の業界とか特定の地域に向けた利益誘導的な政策をいろいろと取ることになります。そういった活動のことをレントシーキングと学問では申します。「レント」というのは「政策的に上乗せされた利益」です。例えば自由競争にするとある安い価格で売られたものが、参入規制とか輸入規制をかけることによって高い値段で売れる。その高い値段で売れた分の差額の利益のことを「レント」と言うわけです。

現実の民主主義はさまざまな組織や団体が「レント」を求めて政治に参加してくる。代表者、議員を応援して、例えばこの間の農産物のセーフガードみたいに、高い関税を掛けて国内の高い農産物を守るとか、いろんな業界の保護みたいに、さまざまな参入規制とかをかけることによって競争を抑制して一般の消費者にとっては高い値段でものやサービスを売ることができるようにする。かつての大規模店舗規制法のように出店を規制することによって相対的に高い値段で売っている小売業を保護する、そういった活動を「レントシーキング」と呼んでいます。

結局、民主主義は一般的な住民とか国民の利益を図るのではなく、個々の団体とか組織の利益を図っていく傾向があるということが言われてきました。

特にアメリカの公共選択学派と呼ばれる公共経済学の学者達は、民主主義のもとでは代表者がそうやって組織化された集団のレントを作り出す活動をしていく。そしていったん出来上がった既得権を削り取って小さくするような政策転換については必ず強い拒否権が発動される。だから民主主義の政策決定の仕組みでは「下方硬直性」、要するに「予算を増やして」とか「利益をばらまく」、「受益を拡大していく」という方法での政策決定が永遠に進むと主張してきました。

あるいは財政理論でいえば、日本の景気対策論にありますように、政府が景気が悪い時に公共投資その他予算をいっぱい使って公共事業をやったり、減税をやったりいったん公共事業を増やし減税をしてしまいますと、後になって公共事業を減らすとか増税の意思決定が非常に難しい。人々は一度獲得した利益というものを常に守ろうとして行動するものだという、そういう批判が公共選択学派の中から出てきたわけです。

## 21世紀型政策課題

こういった議論の中から「民主主義に統治能力があるか」という議論も出てくる。従来の代表デモクラシーではにっちもさっちもいかない。「財政の再建」だとか「規制緩和」だとか、そういったタイプの政策課題に対応できないというような議論も出てきたわけです。

さらにこれからの21世紀的な政策の課題ということを考えていった場合に、20世紀の政策課題とは違ったタイプの争点が次から次へと浮上してくることが予想されるわけです。

ニセコ町の逢坂町長の言葉を借りれば、要するに「避けたい」、「見たくない」、「触りたくない」という忌避する政策。これは避けて通れないんだということです。

具体的にいえば、分かりやすい例として、今まで景気対策でもってじゃかじゃか公共事業をやる、減税をする、そのために借金が増える。しかし何時までも借金を放ったらかしにしておくことはできない。どこかで借金を返す方向に転じなければいけない。国の方でも小泉政権が国債の発行額を30兆円ぐらいに押さえるという。今までの借金の利払いに必要な分は借金するけれども、毎年の恒常的な支出はその年の税収で賄う。そういうバランスを回復するといっている。そういういわば財政というのは20世紀的な右肩あがりを前提としたイージーな政策決定の一番の象徴であり、それをもたらした「負の遺産」なわけです。この「負の遺産」をいかにして処理するか。これは私たちに課せられた否応なしの忌避できないテーマです。

## B　「人間の生き方」転換型民主主義の可能性

### 「人間の生き方」に関わるルールづくりは可能か

あるいは地球環境問題というのはこの数年関心が高まっているわけですが、「どうやってエネルギーの消費を一定限度に押さえ、二酸化炭素の排出を押さえるか」とか、「どうやって廃棄物を減らしていくか」とか、この環境問題についてはいろんなテーマが具体的に出てくるわけです。

しかし、そういう問題に取り組む時に、結局最後は「どれだけ具体的な個々人がエネルギーの消費を減らすか」とか、「ゴミを減らすか」という個人の行動レベルにまで話が及んでくるわけです。そういった時に、「ただ欲望を充足するということを目指して生きていく」という従来の発想から転換をしなければいけない。

財政的な「負の遺産」の整理とか、社会保障制度の持続的な維持のための制度改革とか、地球環境問題に関連したいろんなテーマでもって「個人の生活のスタイルを若干変える」といった問題をどうやって解決するのか。これは単に既得権を手放すというよりももっと難しい、いわばまさに「人間の生き方とか価値観みたいなものの転換」の話になってくるわけです。そういった問題についてルールを作る、政策を決める、それを実行していくということは、従来の民主主義の仕組みの中で本当に可能なのだろうかということです。

公共選択学派の学者が言うように、民主主義というのは必然的に結局は、欲望の充足とか自分達の利益の達成を求める熱心な集団の参加ということに帰結するわけであって、財政的な負担が増えるとか、消費行動を抑制するとか、あるいはゴミの分別みたいに個人個人で手間や時間をかけて、ある程度の問題処理をしなくてはいけないとかというようなことについて、どうやって合意を取り付けていき、実行を担保するか、これはもう気が遠くなるような話だということになるわけです。そこのところをどうするかというのが国、地方を問わず民主主義の一番の試練ということになるわけです。

かつて、「欲望充足型の民主政治」を推し進めた原因は何であったのかを考えてみると、一つは20世紀の後半、人類が未曾有の経済成長を遂げ、富を拡大したことにあった。もう一つは国民国家という非常に大きな枠組みの中での政治参加を通して政策を決定するということ。そこにも欲望充足型の民主主義を促した要因があったわけです。

結局国家レベルの民主主義ということになれば、これは政治社会の規模が大きくなり代表に選ばれるためのコストは当然上がっていくわけです。そうなりますと政治的な利害関係というのを大きく持った組織集団が政治に参加していく誘因・動機が大きくなっていくわけです。そうなれば個人個人できちんと戦うというのはなかなか難しい話でして、やはり組織力とか資金力とか動員力を持った大きな国家的な規模の団体、労働組合とか農協とか、そういったものに依拠した政党なり候補者なりが政治に参加していくということになります。

そうなりますと多数決という建て前があっても決定に関与する代表者とか政治家は、そのテーマに関心を持った人間だけで占められて構成されることになりまして、その他大勢のテーマに関係のない一般的な人々のあずかりしらないところで多数決が行われる。そうすると国民全体から見ればごく一部の人達、部分的な集団の人達と思っても、意思決定の場面ではその人達が多数になってしまって、法律が通ってしまうということになるわけです。

## 「財政錯覚」の仕掛け

もう一つ、大きな政治の単位でものを決めることの弊害は、政策的な受益について、元手が掛からずに利益だけくるという錯覚に陥りやすいということです。

常に国全体の予算80何兆円というなかで自分達に関連する数億円とか数十億円とかの本当に小さな部分を引っ張り出してくるというのは別に全体にどれ程の影響を及ぼすものかという、ある種の「ただ乗り」の感覚を人々の間に生み出すわけです。つまり政策の元手になっているお金というのは無尽蔵にあって、自分達は国からほんのちょっと頂いてくるだけだと考えてしまう。今も国レベルの大きな政治の単位においては、政策のコスト負担についても結局一人一人の人間には見えにくいさまざまな仕掛けがほどこしてあるわけです。

つまり、一つは借金をして将来の世代に負担を先送りするということ。さらには間接税とか、見掛け上の負担感を感じさせないような仕組みがあるということです。そうするとコスト面での実感があまりない。コスト面の実感があまりなくて受益の方は大変分かりやすい、実感があるということですから、必然的に皆受益をする方向に関心が向いていってしまう、そのための必要なコストを誰がどうやって払っているかということをあまり考えないわけです。本当は高い買い物をしているんだけれども見掛け上ほんのちょっとした財政負担で買い物ができているような錯覚を与えるからくりが国レベルの政治には多々あるわけです。それを専門的な用語では「財政錯覚」と呼ぶわけです。

特に日本の場合にはこの「財政錯覚」を助長する仕組みが中央・地方関係の中に埋め込まれているわけでして、それがいわずとしれた地方交付税や補助金の仕組み、あるいは地方債起債の仕組みです。

例えば地方債の問題を見てみれば分かりますように、取りあえず借金をして後の交付税に算入してもらって償還財源も国の方で面倒を見てくれるという話になれば、これはやはり見掛け上の負担は大変小さくて、政策的な恩恵、受益を得ることができるということですから、これを止める理由はない。精々借金をしていろんなものを作って、後から地方債の償還のお金に交付税で戻ってくると、こんな楽な話はないということでして、そうやって「財政錯覚」というものを自治体ぐるみでもって混ぜ合わせるということが地方債とか特にバブル崩壊以後の単独事業の増加みたいな現象につながっていったわけです。

そういう面で正に「負の遺産」を処理するという課題が日本の場合は国でも地方でもたくさん

待ち受けているということが言えるわけです。その時にどうするかということです。

要するに従来の政策決定の仕組みでもって考えていくとついつい皆要求する方ばかりに目が向いて見直すとか切り捨てるという方向の議論がなかなか前に進まない。そうすると従来のデモクラシーの意思決定の仕組み自体がもう時代遅れなのかという話になってしまうわけです。しかし民主主義がもたらしたいくつかの負の遺産を処理していくという作業は、やはり民主主義を通してしか成しえないということです。

## 3　地方分権と地域民主主義

### A　「負の遺産」処理と住民参加の意義

#### 「国益」論は「省益」論

今から100年ぐらい前のアメリカで地方政治の改革運動が起こった時のスローガンに、「モアデモクラシー」という言葉がありました。

正に従来の政府活動肥大型の呑気な政府を作り出してきた民主主義の欠陥を変えることによって、より多くの人も関心を持って政策決定に参加していくというエネルギーを改革の推進力に転換するというそこの仕組みを考えなければいけないということです。

そこでローカルな民主主義というものが必要になってくるということです。「負の遺産」を処理していく時に、国全体でいろんなところで削ったり、止めたりという作業をしていくというのは非常に難しい話です。

なぜかといえば「国益」というのは実はあるようでない、分かっているようで分かってない概念でして、何が国益かという時、結局のところは国土交通省や農水省や厚生労働省がそれぞれ自分にとっての国益というものを考える。言い換えれば国土交通省の省益を実現することが国益につながる、あるいは省益を実現することイコール国益だというふうに読み替えてしまうわけです。そういった部分的に専門分化した利益を束ねて国益というものを議論していくことは実際問題としては非常に難しいわけです。

一連の行政改革とか財政再建といったテーマについても、政策論議は難しいというのはそこに理由があるわけです。やはり国全体で議論をしていくということになればそれぞれ持ち場持ち場で言い分はあるわけでして、お互いに自分のところに必要だということを言えば、やはりそこで議論が手詰まりに陥ってしまいます。

ところが小さい政治の単位で国益ではなく市益とか町益、村益を考えていくのは、そんなに無茶な話ではない。自分が所属している政治的な共同体というものがある程度目に見える。

例えばちょっと山の上に上って見下ろすと、これが自分の所属している政治的なコミュニティだというのが見えるとか、生活の実感としてこのコミュニティはどこにどういうものがあるかということが分かる。あるいはうちの町の公共サービスというのはどういうもんで、どういうレベルのものをやってくれているかということが何となく分かる。そういう感覚というのは全体的な利益を考える上で非常に重要になってくると思うんです。

国の場合にはそういう「実感」がない。だからそういうところで国益なんていう議論をすると、結局は省益の足し算になるか、個々人の生活実感からかけ離れた誠に空疎なイデオロギー的な主張が国益という話になっていったりするわけです。

ところが生活実感でもって理解可能な小さい政治共同体でならば町益・村益は何となく分かる。「うちの町ではもう道路整備は十分行き渡ったから、あるいは下水道はもうだいたい行き渡ったから後は他のことにもっとお金を使った方がいいんじゃないか」とか。

少子化でもって学校の統廃合がある程度必要になってくる。そうすると「あそこの集落の学校はもうなくすか」とかいったような議論が可能になってくるわけです。「負の遺産」の処理みたいなタイプの政策論議は、やはり小さな政治的共同体でやっていかないときちんとした意思決定ができないのではないか。

さっきいった環境問題タイプの「人間の「生き方」を変えるようなテーマ」についても全く同じでして、一般的なルールをただ決めるのはあまり意味がない。具体的に「ゴミの出し方をどうするか」とか、「リサイクルのための皆の取り組みをどうやって構築していくか」といったようなことも、狭い範囲の共同体でもって議論をして、そして皆もやはり自分で議論をして決めたことだから自分も参加しようかという責任感を感じるというところまで議論を持って行かないと解決がつかないものだということになるわけです。

## 民主制と有効性感覚

ですから「負の遺産」を処理するタイプの政策課題に取り組む上では、ローカルな民主主義を活性化させて行くことがどうしても必要になってくるということです。

その場合、ローカルな民主主義の具体的な形については、全国画一の首長と議会の二元代表制にこだわることもないと思うんです。小さな町だったら本当にまじめに「住民総会」の仕組みを活用してはどうか。議会が不要だと住民が判断するならば、「議会廃止条例」と「住民総会設置条例」というのを出して、何か月かに一回「住民総会」を招集して、そこで具体的な町の政策を議論して決める。やろうと思えばできるのではないか。

特に今のように情報伝達のメディアが発達して、「住民総会」に掛ける議案とかをあらかじめ電子メールで各家に配付をしておけば問題ない。又「住民総会」に参加できない人は電子メールで賛成・反対を意思表示するとかいったこともできなくはない。

もちろんこれは極端な例ですが、要するに政策的なテーマ・争点を住民ときっちり共有して、問題意識を深めてもらい、論議することを踏まえれば、今までのような代表システムにこだわることは必ずしも必要ない。その町その町で参加だとか民主主義の形を考えればいいのではないかと思うわけです。

よく「地方分権をすると地方に汚職がはびこるだけだ」という議論があります。これは私も現象的にはそういう面が出てくるかもしれないと思いますが、結局住民が自分の所属している政治的な共同体の運営に対して、真面目に関心と責任感を持つならば、過渡的にはそういった問題が出てくるとしても、結局はローカルな近く、狭いところの方が一人一人の動きによって問題を克服することができるわけです。

結局、「政治的な無関心」とか「政治離れ」は、大きな政治の単位で、遠くで言ってるからそうなるのです。政治学では政治的な「有効性感覚」という言葉があるんですが、「有効性感覚」を少しでも集めることができれば、それは政治的な関心を喚起する非常に重要なきっかけになる。「俺たちで議論をした結果この問題はこういうふうになった」という経験をいくつかすれば、これはやはり近いところの政治の方が皆関心を持って動けるようになってくるわけです。そういうわけで理論的な問題としていえば、ローカルな民主主義の役割はこれからどんどん高まっていくということです。

そういう中で民主主義の形にも直接民主制的なやり方と議会政治を適当に組み合わせる。議会だけが地域についての意思決定の場である必要はない。もちろん議会はあってもいいのですが、その役割は政策的な課題についての議論を公開して、住民を啓発、教育していくところにあると考えた方がいいだろうと思います。

これから地方分権ということで、地域の自治体に権限がくる。あるいは財源の話も、総論としては交付税とか補助金を見直して税源を地方に移していく。要するに国の方でも地域から上がってきた税金を地域で使い方を決めていくという方向に向かうべきだという議論が始まっている。

## 優先順位付でのきちっとした議論ができるかどうか

今までは「そう簡単に地方分権は進まない」という前提で「自主財源だ」、「個別補助金を止めて統合補助金を」と言ってきた。しかしこれがだんだん本格的になってくる時代に今入ろうとしている。そうするとある意味で一番困るのが自治体の職員であり、地方議員ということになるのかもしれない。

というのは、政策の順番を付ける作業は非常に難しい。私ども教師はテストの採点をして順番を付ける、これは客観的とまでは言えないけれども、答案を読んでその論理性とか説得力とかいうものを判定することはできます。

ところが「政策の順位付け」の場合は、紐付き補助金の時代は「国からお金がきたからこれやりますよ」という形で、すんなりと説明が付いていたのが、これからは「自治体に自主財源を与える」、あるいは「一括補助金という形で使途を自由にして渡す」という話になった時に、どういう順番でお金を使っていくのか、大変難しい。

高い優先順位を付けた人は喜ぶ。しかし、低い順位を付ける場合、「あんたのところが要求していた項目は残念ながら高い順位が付かなかった、今年はちょっと待ってください」ということをきちんと納得できるような形で議論できるかどうか。ましてさまざまな要求、利害が錯綜する議会の中で、そういった議論を皆できちんと議論をして、決定していくことができるかどうか。これも今後の地域レベルの政策決定にとっての大変重要な課題になってきます。

一つに、さまざまなレベルの政府でもってどういう役割分担をしていくのかを考えることです。政府だけではなくて個人、家族、あるいは地域のNPOみたいなタイプの市民活動、それから自治体政府、さまざまなものの間にどう役割分担をしていくのかを考えることです。

まず人間がいて一人一人の手にあまることを地域社会でやり、地域社会でできないことを基礎自治体がやり、基礎自治体ができないことを国でやる、国でもできないことは国際機関でやる。このように従来の、まず国の権限というのがあって、それを役割分担していって、そして自治体に下げ渡していってという、そういう発想ではなくて、人間から発想してどういうタイプの団体にどういう役割を割り振るかを考える。これを「補完性原理」といいます。こういうことで役割分担を考えていけば、前半の話に出てきたようなミスマッチという問題は当然解消するわけです。

## B　北海道が抱える困難事例

私はいつも三重県の補助金の例をうまくいった例として紹介をするのですが、現実の政策の決定というのはそう簡単な話だけではないのです。

最近の北海道におけるいろんな事例をあげてみても、難しいことがいっぱいあります。

### ①「エアドゥ」への財政支援をどう考えるか

「エアドゥに対する道の財政支援をどう考えるか」は、自治体職員なり地方議員の立場にある人一人一人に課せられた非常に難しい応用問題です。自分だったらどうするかを訓練する非常によい思考訓練の事例です。

そういった場合にも結局は政策のもたらすコストとベネフィットをなるべくたくさんあげて比

較衡量をして、最後はどうするか決断するということです、十分な材料も無しにエイヤで決めてしまうというのは最悪です。

この応用問題についてもう少し触れてみます。

私個人としては最初の経営危機の時に、潰すわけにはいかないということで、道が全面的に財政支援に踏み込んだのは、一つの政策的な判断として有り得るかなと思いました。

つまり「エアドゥ」という一つの事業体に公的なお金を入れる政策がどういうメリットをもたらすかということです。あの航空会社が事業を続けることだけがメリットなのではなくて、あの会社が存在することによって競争が盛んになり、結果として運賃が下がり、他の航空会社を使うお客さんも含めて値下げの恩恵を受ける。そういう外部経済の効果を重要視して考えるならば、「エアドゥ」本体に対して10億円だかのお金を出すことはそれを補って余りある北海道経済への貢献があると判断できた。

もちろんそれはちゃんとした経済モデルを使って、具体的な運賃の値下がりの率と乗客の数を出して、厳密な議論をすべきだとは思いますが、そういう外部経済も含めた上であの会社を支援するという政策を取るのは北海道のためになるという説明ができただろうと思います。

ただ今回の経営危機に対してさらに踏み込んだ支援をすることになると、やや前提が違ってくるわけです。あそこは運賃引き下げのプライスリーダーとしての役割を持っているかどうか疑わしいという問題があります。

それからもう一つ別の問題でいえば、結局机上の空論の経営再建策を提示して、それに基づいて第一次の支援策を決定した。しかしわずか数か月でまた経営危機に襲われてしまう。これはやはり事業としてはもうほとんど破綻しているということなのか、あるいは同じ後発企業の「スカイマークエアライン」は東京・福岡間を単年度黒字に転換するという経営をしているのに、何でこっちは経営危機なのか。そういった面についての情報が全く乏しいということです。

この種の問題というのは判断するのが本当に難しいのですが、やはり判断するための材料が今回は全く欠けているということを残念ながら指摘せざるを得ない。そういう意味で、こういった類いの政策決定を行う時はなるべくたくさんの判断材料を議会なり住民なりに提供して共有することが必要です。

そして皆、うまくいかなかった場合のリスクを覚悟して、その決意のもとに政策を選択することです。つまり「エアドゥは潰れても文句は言えない、だけど潰れることも覚悟の上で何としても再建の可能性にかけてあのお金を投入するんだ」といったようなところまで世論をきっちり作っていかないと、中途半端な形で机上の空論の再建策をまた信じて、ちょっとたったらまた別の再建策という、そういう昔の国鉄みたいなことをやるんでは住民は許さないだろうと思います。

## ②「北海道新幹線」についてどう考えるか

これからの時代の高速交通体系をどうやって作っていくのかを考えた場合に、本当に新幹線ができるのかという問題です。

今までは漫然と陳情をして国に造ってほしいという形の議論をしてきた。しかし、これからは日本全体として行政の財政的な制約が厳しくなっていく中で、「造りたいのだったら自分達で知恵を出して造るような案をもってこい。それで、もしいけるのだったら力を貸してやるぞ」みたいな形に話が転がっていくだろうと思うんです。その場合に、じゃあ北海道としてどういう知恵が有り得るのかということです。

結局、長野の話でもちょっと触れましたように、これからの時代は新幹線を作れば並行在来線は全部地元で三セクを作って、経営できない赤字線は廃止という話になります。北海道では函館本線のように非常に長い線路を三セクでもつということは本当にできるのかと考えると、長野の旧信越本線の一部分でさえ第三セクター運営は大変な赤字を生み出しているわけでして、そういう例からしても北海道の在来線の三セク化というのは気の遠くなるような話です。そういったもろもろの条件をきちんとシミュレーションする。その上で自分達ができるぎりぎりの線を出す。あるいは別のところから財源を持ってくる。道路は少し我慢するから新幹線の方に手厚く予算を自分達で振り向けるとかいった比較衡量の議論を相当詰めてやらないといけない。ただ「道民の願望」ということだけを言ったのでは誰も相手にしてくれない時代にこれから入っていくわけです。

私は今まで新幹線はいらないと言ってきた。そういう覚悟とか、知恵とかが全くなくて、ただ漫然と欲しいといって手を上げているだけではできるわけがないし、そういう態度で作ったところで今言った並行在来線の三セク化みたいないろんな別の問題が出てきて、立ち往生をするに決まっている。だったら作らない方がいいと結論したんです。

どうしても作りたいというのであれば、代替的な財源をどこから持ってくるか、付随する問題をどうやってクリアするかといった問題を一通り考えて、きっちりした現実的な案を作らなければいけないわけです。

そういう政策論議は市民の側からの案も加えた柔軟な大胆な発想で、知恵を出していかないといけない時代に入っているということができます。

ともかく、今の北海道に関連する問題は「エアドゥ」しかり、あるいは住宅供給公社みたいな特殊法人の「負の遺産」の問題しかり、どっちかというと前向きにいいことをしていくというよりもどうやって過去の「負の遺産」を処理するかとか道民の負担をどれぐらいにしながらこれからの必要な施策を整備していくかといった課題が中心になっていかざるを得ないわけです。

しかしそういった負の課題も日々テレビを見たり新聞を読んだりしている人にとっては、十分理解可能な前提なのでして、そういった厳しい前提条件の元で住民と対話をすることを通して、政策選択を行っていくことがこれから必要なことだと思います。

### ③「北一条通の地下駐車場」をどう考えるか

あと、最近の身近な事例としては、北一条通りの地下にできた駐車場と地下の通路の話はこの間北海道新聞に連載記事が載っておりまして、これなんかも地域政策を考えるための重要な教材だという感じがしました。

あの北一条通りの駐車場を見て、「これはおかしい、どうやったらこういう愚行を避けることができるか」を考えるのは、自治体職員であるための必須の条件だと思います。あれを見て何とも感じない人は自治体職員としては大いに問題がある。まさにあれこそ私が先程から言ってきた需要と供給のミスマッチの象徴みたいなものですね。欲しいところにはお金がつかなくて、開発局所管の国道の地下には道路財源でもって駐車場も作れる、こういう非常にばかげた構図が現に目の前にあるということです。あんなところに地下通路と駐車場を作って誰が使うんだ、あるいはそれでもってどれだけ都心部の交通の円滑化に効果があるのか、全く理解不能ですね。他方札幌駅前から大通につながる部分については地下道を作ればいろんな意味での波及効果、あるいは市民に対するプラスの恩恵というものがあることは分かっている。

こういったこと、まあできてしまったものは仕様がないのですが、こういったものも市民と共に政策を論じていく上でも一つの貴重な教訓です。

どうやったらそういうことを防ぐことができるのか、逆に市民的なニーズのある問題についてどうやったら必要な概念に到達して実行することができるのか、そういった身近なテーマから始まって、我々も政策の課題、政策の選択について市民と議論をしていく、市民の持っている関心を喚起していく、あるいは市民の持っている判断力をもっと底上げしていくことが今後の住民参加を進めていく上での重要なポイントだという感じがします。

## 住民との議論による自治体の知力の向上

そういう意味で住民の参加あるいは民主主義の活性化が難しい問題を解決していく上でどうしても避けて通れない、むしろ必須の手段になっていく。難しい問題は専門家の役人に任せて何かうまい解決策を考えてもらうという発想ではこれからやっていけない。

また今は中央の役人の動きを見ても、難しい問題を先頭きってキチッと引き受けて解決をしていくという責任感とか気概を持った人は余りいない。むしろ、例えば地方分権、財政改革の話も「本音」のところは、国のややこしい仕事をなるべく小さくして、地方分権とか税源委譲という名目で地方にツケを回すという意図が裏側に透けて見える。

交付税の減額の話も、結局今までやってきた起債の償還にかかわる交付税措置の約束を反故にするための理屈として出てきている。これは決して私のうがち過ぎた見方ではない。結構「本音」の話が臭うのです。ややこしい問題はもう国もそんなに責任感を持って決着を付ける、始末を付けてくれるわけではないということ。要するに今までの自治体の主張を逆手に取って、じゃああんた方の言う通り一部制度を変えるからやってみろという、そういう話になっていくわけです。

その時に、繰り返しになりますが、結局やはり現状、課題、選択肢というものをきっちり提示して、住民と議論をして、これは自分達の取り得る最善の選択なんだというふうに責任感を持たせて、決定に持ち込んでいくということがこれからどうしても必要になっていくのだろうと思います。

ですから、生活についての情報を一番持っている自治体政府と市民との間の情報のやり取り、コミュニケーションをこれからどうやって活発にしていくのかが非常に重要になって参ります。自治体のそういう知的な力を高めていく必要があります。知的な力は一人で沈思黙考していても全然高まらないんでして、いろんなタイプの人間が議論をする、議論をする中で発見をしたり何かを思い付くということが大事です。

私は教育改革の問題は、単に子供の問題としてだけではなく、コミュニティ、地域社会全体の問題として考えていくことが必要になっていくのではないだろうかと思ってます。「総合学習」なんていうので何やってもいいみたいな時間がこれからどんどん出てくる、それは多分学校の先生だけでは手に負えない。

身近な、さっきの飛行機の問題でもいいし、いろんな身近な政策的な争点を取り上げて、それぞれについてこういうメリット、こういうコストがある。でどうすればいいかみたいな実践的な社会科学習みたいなものを地域の側でやっていくということです。

だから教育改革というのはやりようによったらコミュニティの問題を地域の大人たちを含めた形で議論をしていく一つのチャンスになっていくのではないかというふうに思うわけです。

職員の問題についても今国家公務員法の改正論議が出てきておりまして、それは当然地方公務員法にも波及するわけです。そうすると職員の形態も、従来の地方公務員からかなり広がっていく。自治体の仕事についてもパート的な形の雇用とか、アウトソーシングとかいろんなものが可能になっていく。それは一面では、職員にとって身分が不安定になるという問題もあるのでしょうが、様々な住民の力を割と簡単に柔軟に行政活動の中に取り込んでいくということでいえば、チャンスが広がるという面も多分あるんだろうと思います。

## C　パンドラの匣はもう開いた

結論としていえば、前半で申しましたように、日本の様々な政治や行政の制度変革のパンドラの匣はもう開いたんです。

中から何が飛び出してくるのか分からない。今まで当たり前だと思っていたことがガラッと一夜にして変わってしまう。大学ももうそのうちなくなるかもしれない。そういう変化はこれからますます加速度を付けて進んでいくわけでして、その時にはたとえ今は破天荒とか、荒唐無稽に思えて、とても議論をするには足りないというようなアイディアであっても、やはりいろんなアイディアをたくさん持っておくことが大事です。状況の変化でもって、昨日までは非常識だった話が今日は常識になるということが、現にいろんな分野で起こりつつあるわけでして、ちょっと抽象論ですが、いろんな分野で既存の常識とか制度に縛られないこうだったらいいのになあという改革のビジョンを議論をし用意しておくことが必要なのではないかと思います。

ともかく変化の時代に単に被害者意識とか、自分達は何か犠牲になっているみたいな、そういう後ろ向きの意識を持つのではなくて、時代の流れを見据えて自分達だったらこうするという対案をもって、今の時代の流れに立ち向かうという意欲を是非とも持っていただきたいというふうに思います。

今年の土曜講座でもっといろんなことを学ばれて、それを実務に生かしていかれることをお祈りをして私の話は終わりにしたいと思います。

（本稿は、二〇〇一年六月二三日、北海道大学工学研究科・工学部「Ｂ２１大講義室」で開催された地方自治土曜講座での講義記録に一部補筆したものです。）

著者紹介

山口　二郎（やまぐち・じろう）
北海道大学大学院法学研究科教授兼同大学法学部附属高等法政教育研究センター長
一九五八年岡山市生まれ。東京大学法学部卒業。東京大学法学部助手、北海道大学法学部助教授、一九九三年北海道大学法学部教授を経て、二〇〇〇年四月から現職。
主な著書
『政治改革』『日本政治の課題』（いずれも岩波新書）、『イギリスの政治、日本の政治』（筑摩書房）、『危機の日本政治』（岩波書店）など。

# 刊行のことば

「時代の転換期には学習熱が大いに高まる」といわれています。今から百年前、自由民権運動の時代、福島県の石陽館など全国各地にいわゆる学習結社がつくられ、国会開設運動へと向かう時代の大きな流れを形成しました。学習を通じて若者が既成のものの考え方やパラダイムを疑い、革新することで時代の転換が進んだのです。

そして今、全国各地の地域、自治体で、心の奥深いところから、何か勉強しなければならない、勉強する必要があるという意識が高まってきています。

北海道の百八十の町村、過疎が非常に進行していく町村の方々が、とかく絶望的になりがちな中で、自分たちの未来を見据えて、自分たちの町をどうつくり上げていくかを学ぼうと、この「地方自治土曜講座」を企画いたしました。

この講座は、当初の予想を大幅に超える三百数十名の自治体職員等が参加するという、学習への熱気の中で開かれています。この企画が自治体職員の心にこだまし、これだけの参加になった。これは、事件ではないか、時代の大きな改革の兆しが現実となりはじめた象徴的な出来事ではないかと思われます。

現在の日本国憲法は、自治体をローカル・ガバメントと規定しています。しかし、この五十年間、明治の時代と同じように行政システムや財政の流れは、中央に権力、権限を集中し、都道府県を通じて地方を支配、指導するという流れが続いておりました。まさに「憲法は変われど、行政の流れ変わらず」でした。しかし、今、時代は大きく転換しつつあります。そして時代転換を支える新しい理論、新しい「政府」概念、従来の中央、地方に替わる新しい政府間関係理論の構築が求められています。

この講座は知識を講師から習得する場ではありません。ものの見方、考え方を自分なりに受け止めてもらう。そして是非、自分自身で地域再生の自治体理論を獲得していただく、そのような機会になれば大変有り難いと思っています。

「地方自治土曜講座」実行委員長
北海道大学法学部教授　森　啓

（一九九五年六月三日「地方自治土曜講座」開講挨拶より）

地方自治土曜講座ブックレットNo. 73
地域民主主義の活性化と自治体改革

2001年9月28日　初版発行　　　定価（本体900円＋税）

著　者　　　山口　二郎
企画・編集　北海道町村会企画調査部
発行人　　　武内　英晴
発行所　　　公人の友社
〒112-0002　東京都文京区小石川5－26－8
TEL 03－3811－5701
FAX 03－3811－5795
振替　00140－9－37773

## 「地方自治土曜講座ブックレット」（平成7年度～12年度）

| | 書名 | 著者 | 本体価格 |
|---|---|---|---|
| | **《平成7年度》** | | |
| 1 | 現代自治の条件と課題 | 神原　勝 | 九〇〇円 |
| 2 | 自治体の政策研究 | 森　啓 | 六〇〇円 |
| 3 | 現代政治と地方分権 | 山口　二郎 | （品切れ） |
| 4 | 行政手続と市民参加 | 畠山　武道 | （品切れ） |
| 5 | 成熟型社会の地方自治像 | 間島　正秀 | 五〇〇円 |
| 6 | 自治体法務とは何か | 木佐　茂男 | 六〇〇円 |
| 7 | 自治と参加　アメリカの事例から | 佐藤　克廣 | （品切れ） |
| 8 | 政策開発の現場から | 小林　勝彦<br>大石　和也<br>川村　喜芳 | （品切れ） |
| | **《平成8年度》** | | |
| 9 | まちづくり・国づくり | 五十嵐広三<br>西尾　六七 | 五〇〇円 |
| 10 | 自治体デモクラシーと政策形成 | 山口　二郎 | 五〇〇円 |
| 11 | 自治体理論とは何か | 森　啓 | 六〇〇円 |
| 12 | 池田サマーセミナーから | 間島　正秀<br>福士　明<br>田口　晃 | 五〇〇円 |
| 13 | 憲法と地方自治 | 中村　睦男<br>佐藤　克廣 | 五〇〇円 |
| 14 | まちづくりの現場から | 斎藤　外一<br>宮嶋　望 | 五〇〇円 |
| 15 | 環境問題と当事者 | 畠山　武道<br>相内　俊一 | 五〇〇円 |
| 16 | 情報化時代とまちづくり | 千葉　純<br>笹谷　幸一 | （品切れ） |
| 17 | 市民自治の制度開発 | 神原　勝 | 五〇〇円 |
| | **《平成9年度》** | | |
| 18 | 行政の文化化 | 森　啓 | 六〇〇円 |
| 19 | 政策法学と条例 | 阿倍　泰隆 | 六〇〇円 |
| 20 | 政策法務と自治体 | 岡田　行雄 | 六〇〇円 |
| 21 | 分権時代の自治体経営 | 北　良治<br>佐藤　克廣<br>大久保尚孝 | 六〇〇円 |
| 22 | 地方分権推進委員会勧告とこれからの地方自治 | 西尾　勝 | 五〇〇円 |
| 23 | 産業廃棄物と法 | 畠山　武道 | 六〇〇円 |
| 25 | 自治体の施策原価と事業別予算 | 小口　進一 | 六〇〇円 |
| 26 | 地方分権と地方財政 | 横山　純一 | 六〇〇円 |
| 27 | 比較してみる地方自治 | 田口　晃<br>山口　二郎 | 六〇〇円 |

## 「地方自治土曜講座ブックレット」（平成７年度～12年度）

| 書名 | 著者 | 本体価格 |
|---|---|---|
| **《平成10年度》** | | |
| 28 議会改革とまちづくり | 森　啓 | 四〇〇円 |
| 29 自治の課題とこれから | 逢坂　誠二 | 四〇〇円 |
| 30 内発的発展による地域産業の振興 | 保母　武彦 | 六〇〇円 |
| 31 地域の産業をどう育てるか | 金井　一頼 | 六〇〇円 |
| 32 金融改革と地方自治体 | 宮脇　淳 | 六〇〇円 |
| 33 ローカルデモクラシーの統治能力 | 山口　二郎 | 四〇〇円 |
| 34 政策立案過程への「戦略計画」手法の導入 | 佐藤　克廣 | 五〇〇円 |
| 35 ’98サマーセミナーから「変革の時」の自治を考える | 神原　昭子<br>磯田　憲一<br>大和田建太郎 | 六〇〇円 |
| 36 地方自治のシステム改革 | 辻山　幸宣 | 四〇〇円 |
| 37 分権時代の政策法務 | 礒崎　初仁 | 六〇〇円 |
| 38 地方分権と法解釈の自治 | 兼子　仁 | 四〇〇円 |
| 39 市民的自治思想の基礎 | 今井　弘道 | 五〇〇円 |
| 40 自治基本条例への展望 | 辻道　雅宣 | 五〇〇円 |
| 41 少子高齢社会と自治体の福祉法務 | 加藤　良重 | 四〇〇円 |
| **《平成11年度》** | | |
| 42 改革の主体は現場にあり | 山田孝夫 | 九〇〇円 |
| 43 自治と分権の政治学 | 鳴海正泰 | 一、一〇〇円 |
| 44 公共政策と住民参加 | 宮本憲一 | 一、一〇〇円 |
| 45 農業を基軸としたまちづくり | 小林康雄 | 八〇〇円 |
| 46 これからの北海道農業とまちづくり | 篠田久雄 | 八〇〇円 |
| 47 自治の中に自治を求めて | 佐藤　守 | 一、〇〇〇円 |
| 48 介護保険は何を変えるのか | 池田省三 | 一、一〇〇円 |
| 49 介護保険と広域連合 | 大西幸雄 | 一、〇〇〇円 |
| 50 自治体職員の政策水準 | 森　啓 | 一、一〇〇円 |
| 51 分権型社会と条例づくり | 篠原　一 | 一、〇〇〇円 |
| 52 自治体における政策評価の課題 | 佐藤克廣 | 一、〇〇〇円 |
| 53 小さな町の議員と自治体 | 室崎正之 | 九〇〇円 |
| 54 地方自治を実現するために法が果たすべきこと | 木佐茂男 | ［未刊］ |
| 55 改正地方自治法とアカウンタビリティ | 鈴木庸夫 | 一、二〇〇円 |
| 56 財政運営と公会計制度 | 宮脇　淳 | 一、一〇〇円 |
| 57 自治体職員の意識改革を如何にして進めるか | 林　嘉男 | 一、〇〇〇円 |

## 「地方自治土曜講座ブックレット」（平成７年度～12年度）

| | 書名 | 著者 | 本体価格 |
|---|---|---|---|
| | 《平成12年度》 | | |
| 58 | 北海道の地域特性と道州制の展望 | 神原　勝 | ［未刊］ |
| 59 | 環境自治体とＩＳＯ | 畠山　武道 | 七〇〇円 |
| 60 | 転型期自治体の発想と手法 | 松下　圭一 | 九〇〇円 |
| 61 | 分権の可能性 ―スコットランドと北海道 | 山口　二郎 | 六〇〇円 |
| 62 | 機能重視型政策の分析過程と財務情報 | 宮脇　淳 | 八〇〇円 |
| 63 | 自治体の広域連携 | 佐藤　克廣 | 九〇〇円 |
| 64 | 分権時代における地域経営 | 見野　全 | 七〇〇円 |
| 65 | 町村合併は住民自治の区域の変更である。 | 森　啓 | 八〇〇円 |
| 66 | 自治体学のすすめ | 田村　明 | 九〇〇円 |
| 67 | 市民・行政・議会のパートナーシップを目指して | 松山　哲男 | 七〇〇円 |
| 68 | アメリカン・デモクラシーと地方分権 | 古矢　旬 | ［未刊］ |
| 69 | 新地方自治法と自治体の自立 | 井川　博 | 九〇〇円 |
| 70 | 分権型社会の地方財政 | 神野　直彦 | 一、〇〇〇円 |
| 71 | 自然と共生した町づくり 宮崎県・綾町 | 森山喜代香 | 七〇〇円 |
| 72 | 情報共有と自治体改革 ニセコ町からの報告 | 片山　健也 | 一、〇〇〇円 |